The Garden of Lost Lovers And Other Bilingual Italian-English Stories for Language Learners

Pomme Bilingual

Published by Pomme Bilingual, 2024.

THE GARDEN OF LOST LOVERS AND OTHER BILINGUAL ITALIAN-ENGLISH STORIES FOR LANGUAGE LEARNERS

First edition. December 28, 2024.

Copyright © 2024 Pomme Bilingual.

ISBN: 979-8230428510

Written by Pomme Bilingual.

Table of Contents

Una Lettera dalla Toscana

Emilia Rossi era seduta alla sua scrivania, immersa nel rumore rassicurante della pioggia che batteva contro i vetri della sua piccola casa di Firenze. La vita le aveva regalato molte soddisfazioni: una carriera come illustratrice di libri per bambini, amici fidati, e una routine che le dava conforto. Eppure, quel giorno, la sua tranquillità fu interrotta da una busta color crema che spuntava dalla pila di lettere ordinariamente noiose.

Il mittente era sconosciuto, ma la calligrafia le sembrava stranamente familiare. Con un misto di curiosità e apprensione, Emilia aprì la busta.

"Cara Emilia,

sono passati anni da quei giorni d'estate nella villa in Toscana. Ho pensato spesso a te e a quel tempo che sembrava sospeso, pieno di risate, profumi e sogni che non abbiamo mai confessato. Vorrei rivederti.

Con affetto,

Marco Bernini"

Il cuore di Emilia sobbalzò. Marco. Il nome risvegliò un'ondata di ricordi. La villa apparteneva alla famiglia Giusti, amici di sua madre, e lei trascorreva lì tutte le estati durante l'adolescenza. Marco era il nipote di Caterina Giusti, un ragazzo di qualche anno più grande, con un sorriso che sembrava illuminare le stanze e una passione per la cucina che la incantava.

Nella mente di Emilia, le immagini di quegli anni si formarono vivide come un film. Marco la chiamava "Emi" e lei adorava il suono che il suo nome assumeva sulla sua bocca. Si passavano interi pomeriggi nella cucina della villa: Marco a impastare la pasta fresca, Emilia a osservare con occhi sognanti.

Caterina, sempre sorridente, li trovava spesso a ridere per qualche battuta sciocca. "Siete due bambini," diceva, scuotendo la testa, "ma il tuo ragù, Marco, è degno di un ristorante stellato!"

Ogni sera si sedevano sotto il grande pergolato di glicine, dove il profumo dei fiori si mescolava a quello del vino e dei piatti preparati con cura. Ma c'era qualcosa che rimaneva sempre non detto, un filo invisibile di emozioni che entrambi sentivano ma non sapevano come esprimere.

Dopo aver letto la lettera almeno tre volte, Emilia decise di rispondere. Scrisse un messaggio breve, chiedendo di incontrarsi al piccolo ristorante che lui stesso aveva menzionato nella lettera, situato nella campagna vicino a Siena.

Quando arrivò al ristorante una settimana dopo, il cuore le batteva forte. Marco era lì, appoggiato a una colonna di pietra. Il tempo gli aveva regalato qualche ruga, ma il sorriso era lo stesso di sempre.

"Emi," disse, con quel tono che sembrava appartenere a un'altra vita.

Si abbracciarono senza parole, e lei sentì il calore di un legame mai davvero spezzato.

Quella sera, Marco cucinò per lei. "Non potevo lasciare che il ristorante lo facesse al posto mio," disse ridendo. Preparò pici al ragù di cinghiale, un piatto che avevano imparato insieme da Caterina. Ogni boccone era un viaggio indietro nel tempo, un richiamo ai giorni passati.

"Perché hai scritto solo ora?" chiese Emilia mentre condividevano un dolce al cioccolato.

"Perché ho capito che non posso lasciare che il passato rimanga passato," rispose Marco. "E c'è una cosa che non ti ho mai detto: eri la parte migliore di quelle estati."

Emilia sorrise, sentendo le lacrime pungenti agli occhi. Non disse nulla, ma prese la sua mano.

Quelle poche ore trascorse insieme furono solo l'inizio. Decisero di incontrarsi ancora, di riscoprire non solo i ricordi ma anche il futuro.

Emilia non sapeva dove li avrebbe portati quella strada, ma non aveva mai provato una certezza più dolce: alcune persone non appartengono solo al passato.

A Letter from Tuscany

Emilia Rossi was sitting at her desk, immersed in the comforting sound of the rain tapping against the windows of her small house in Florence. Life had given her many joys: a career as a children's book illustrator, trusted friends, and a routine that brought her comfort. Yet, on this particular day, her peace was interrupted by a cream-colored envelope sticking out of a pile of otherwise mundane letters.

The sender was unknown, but the handwriting looked strangely familiar. With a mix of curiosity and apprehension, Emilia opened the envelope.

"Dear Emilia,

It's been years since those summer days in the villa in Tuscany. I've often thought of you and that time that felt suspended, full of laughter, scents, and dreams we never confessed. I'd like to see you again.

With affection,

Marco Bernini"

Emilia's heart skipped a beat. Marco. The name awakened a flood of memories. The villa belonged to the Giusti family, friends of her mother, and she spent every summer there during her adolescence. Marco was the grandson of Caterina Giusti, a boy a few years older, with a smile that seemed to light up the rooms and a passion for cooking that captivated her.

In Emilia's mind, the images of those years formed as vividly as a film. Marco called her "Emi," and she adored the way her name sounded on his lips. They would spend entire afternoons in the villa's kitchen: Marco kneading fresh pasta, Emilia watching dreamily.

Caterina, always smiling, would often find them laughing at some silly joke. "You two are like children," she would say, shaking her head, "but Marco, your ragù is worthy of a Michelin-starred restaurant!"

Every evening, they sat under the large wisteria pergola, where the scent of the flowers mixed with the aroma of wine and carefully prepared dishes. But there was always something left unspoken, an invisible thread of emotions they both felt but didn't know how to express.

After reading the letter at least three times, Emilia decided to reply. She wrote a short message, asking to meet at the small restaurant he had mentioned in the letter, located in the countryside near Siena.

When she arrived at the restaurant a week later, her heart was racing. Marco was there, leaning against a stone column. Time had given him a few wrinkles, but the smile was the same as always.

"Emi," he said, with a tone that seemed to belong to another life.

They hugged without words, and she felt the warmth of a bond that had never truly been broken.

That evening, Marco cooked for her. "I couldn't let the restaurant do it for me," he said, laughing. He made pici with wild boar ragù, a dish they had learned together from Caterina. Each bite was a journey back in time, a reminder of the days gone by.

"Why did you only write now?" Emilia asked as they shared a chocolate dessert.

"Because I realized I can't let the past stay in the past," Marco replied. "And there's something I've never told you: you were the best part of those summers."

Emilia smiled, feeling tears pricking her eyes. She said nothing, but took his hand.

Those few hours together were only the beginning. They decided to meet again, to rediscover not only the memories but also the future.

Emilia didn't know where that path would lead them, but she had never felt a sweeter certainty: some people don't just belong to the past.

L'Ombra del Faro

Il vento sferzava il mare con una furia antica, facendo ondeggiare la barca di Lorenzo Bartoli come un giocattolo dimenticato. Era abituato a quel mare, al suo umore imprevedibile, ma quella sera il faro sembrava lontano come mai prima d'ora. Quando finalmente attraccò alla piccola banchina, il crepuscolo si era trasformato in notte, e il ruggito delle onde era l'unico suono che gli teneva compagnia.

Il faro era casa sua ormai, anche se casa non era il termine giusto. Era un rifugio, una prigione volontaria dove Lorenzo cercava di dimenticare ciò che aveva perso. L'ultima volta che aveva lasciato quella piccola isola, due anni prima, era per il funerale di suo figlio. Il dolore lo aveva riportato lì, lontano da tutto e tutti.

Ogni giorno di Lorenzo era uguale all'altro. Si svegliava all'alba, accendeva il generatore, controllava che il faro funzionasse e trascorreva il resto del tempo riparando reti da pesca, leggendo vecchi libri o guardando il mare.

Non parlava con nessuno, né sentiva il bisogno di farlo. La solitudine era diventata la sua compagna più fedele. Il mare gli offriva un senso di pace che il mondo non poteva più dargli, e le notti trascorse a guardare la luce del faro illuminare il buio erano un balsamo per il suo cuore ferito.

Ma una mattina, tutto cambiò.

Lorenzo stava sistemando una rete quando sentì un rumore insolito: un motore che si avvicinava. Si voltò e vide una barca arrivare al piccolo molo. Sul ponte c'era un uomo alto, con una giacca logora e un cappello di tela.

"Buongiorno," disse l'uomo, con un sorriso incerto.

Lorenzo lo fissò, cercando di capire chi fosse e cosa volesse. "Chi sei? E cosa ci fai qui?"

"Mi chiamo Andrea Moretti," rispose. "Ho bisogno di un posto dove stare per un po'. Ho sentito che vivevi qui, e pensavo... beh, pensavo che forse potessi ospitarmi."

Lorenzo rimase in silenzio per un momento. Non voleva ospiti, non voleva compagnia. Ma qualcosa nello sguardo di Andrea, un misto di stanchezza e disperazione, lo convinse.

Nei giorni che seguirono, Andrea si rivelò un ospite curioso. Non parlava molto di sé, ma faceva domande incessanti a Lorenzo sul suo passato, sulla sua vita da marinaio, e persino sulla tragedia che lo aveva portato lì.

Lorenzo inizialmente evitò di rispondere, ma la presenza di Andrea cominciò a scuotere la sua corazza. Una notte, davanti a una bottiglia di vino e al rumore delle onde, Lorenzo raccontò tutto: la perdita di suo figlio in un incidente d'auto, il dolore che lo aveva spinto a isolarsi, e la sensazione che il mondo non avesse più niente da offrirgli.

Andrea ascoltò in silenzio, poi disse qualcosa che Lorenzo non si aspettava.

"Anche io ho perso qualcuno," disse. "Mia moglie. Era la mia luce, come questo faro lo è per i marinai. Quando se n'è andata, ho pensato che non avrei più potuto andare avanti. Ma eccomi qui."

Con il passare dei giorni, Lorenzo iniziò a vedere Andrea come più di un ospite. Insieme sistemarono le reti, ripararono la barca, e persino ridipinsero il faro. Andrea aveva un'energia che Lorenzo aveva dimenticato, e la sua presenza gli ricordò che, forse, c'era ancora qualcosa per cui valeva la pena vivere.

Un giorno, mentre guardavano il sole tramontare, Andrea propose qualcosa di inaspettato.

"E se aprissimo questo faro ai visitatori?" disse. "Potrebbe diventare un rifugio per chi, come noi, cerca una nuova luce."

Lorenzo inizialmente esitò, ma poi realizzò che il faro era sempre stato lì per guidare i marinai smarriti. Forse, poteva fare lo stesso per le persone.

Con il tempo, il faro di Lorenzo non fu più un luogo di isolamento, ma un simbolo di resilienza e speranza. Le persone arrivavano per il panorama, per la storia, o semplicemente per trovare un momento di pace.

Andrea rimase al suo fianco, e insieme crearono qualcosa che nessuno dei due avrebbe mai immaginato.

Il mare continuava a sferzare l'isola, ma ora Lorenzo sapeva che la luce del faro non era solo per gli altri: illuminava anche la sua strada.

The Shadow of the Lighthouse

The wind lashed the sea with an ancient fury, making Lorenzo Bartoli's boat sway like a forgotten toy. He was used to this sea, to its unpredictable mood, but that evening, the lighthouse seemed farther away than ever. When he finally docked at the small pier, twilight had turned into night, and the roar of the waves was the only sound keeping him company.

The lighthouse had become his home by now, although "home" wasn't the right word. It was a refuge, a voluntary prison where Lorenzo sought to forget what he had lost. The last time he had left that small island, two years earlier, had been for his son's funeral. The pain had brought him back there, far from everything and everyone.

Every day for Lorenzo was the same as the last. He would wake up at dawn, start the generator, check that the lighthouse was functioning, and spend the rest of the time repairing fishing nets, reading old books, or gazing out at the sea.

He didn't speak to anyone, nor did he feel the need to. Solitude had become his most faithful companion. The sea offered him a sense of peace that the world could no longer provide, and the nights spent watching the lighthouse's light illuminate the darkness were a balm for his wounded heart.

But one morning, everything changed.

Lorenzo was fixing a net when he heard an unusual noise: an engine approaching. He turned and saw a boat arriving at the small dock. On the deck stood a tall man, wearing a worn jacket and a canvas hat.

"Good morning," the man said, with an uncertain smile.

Lorenzo stared at him, trying to figure out who he was and what he wanted. "Who are you? And what are you doing here?"

"My name is Andrea Moretti," he replied. "I need a place to stay for a while. I heard you lived here, and I thought... well, I thought maybe you could host me."

Lorenzo stood silent for a moment. He didn't want guests, didn't want company. But something in Andrea's gaze, a mix of exhaustion and desperation, convinced him.

In the days that followed, Andrea proved to be a curious guest. He didn't speak much about himself, but he asked incessantly about Lorenzo's past, his life as a sailor, and even the tragedy that had brought him there.

Lorenzo initially avoided answering, but Andrea's presence began to break through his defenses. One night, over a bottle of wine and the sound of the waves, Lorenzo told him everything: the loss of his son in a car accident, the pain that had driven him to isolate himself, and the feeling that the world had nothing left to offer him.

Andrea listened in silence, then said something Lorenzo didn't expect.

"I've lost someone too," he said. "My wife. She was my light, like this lighthouse is for the sailors. When she passed, I thought I could never go on. But here I am."

As the days passed, Lorenzo began to see Andrea as more than just a guest. Together, they fixed the nets, repaired the boat, and even repainted the lighthouse. Andrea had an energy that Lorenzo had forgotten, and his presence reminded him that perhaps there was still something worth living for.

One day, as they watched the sun set, Andrea proposed something unexpected.

"What if we opened this lighthouse to visitors?" he said. "It could become a refuge for those, like us, looking for a new light."

Lorenzo hesitated at first, but then realized that the lighthouse had always been there to guide lost sailors. Perhaps it could do the same for people.

In time, Lorenzo's lighthouse was no longer a place of isolation but a symbol of resilience and hope. People came for the view, for the history, or simply to find a moment of peace.

Andrea remained by his side, and together they created something neither of them had ever imagined.

The sea continued to lash the island, but now Lorenzo knew that the light of the lighthouse wasn't just for others: it was also illuminating his own path.

La Casa dei Sussurri

Beatrice Alberti fissava il vecchio cancello arrugginito della villa con un misto di timore e curiosità. La proprietà, situata tra le colline del Lago di Como, era un'eredità inaspettata. Non aveva mai conosciuto bene sua zia Claudia, una donna che tutti descrivevano come eccentrica, misteriosa e solitaria.

La villa, un edificio imponente con torri merlate e finestre gotiche, sembrava più un castello di un romanzo che una casa reale. La chiamavano "La Casa dei Sussurri" per via delle storie di strani rumori e segreti mai svelati che circolavano tra i paesani.

Entrando, Beatrice si sentì subito sopraffatta dall'atmosfera dell'antica dimora. I soffitti alti, le pareti decorate con arazzi sbiaditi e gli scaffali pieni di libri polverosi davano l'impressione di un luogo fermo nel tempo.

Trovò una lettera sulla tavola del salotto, con il suo nome scritto a mano in un inchiostro che sembrava appartenere a un'altra epoca.

"Cara Beatrice,

se stai leggendo questa lettera, significa che la villa ora è tua. Ti lascio non solo una casa, ma una storia che appartiene alla nostra famiglia. Cerca nelle stanze del passato, ascolta i sussurri, e scoprirai che il tuo destino è legato a quello di tutte le donne che sono passate di qui.

Con amore,

Claudia"

Le parole di sua zia risuonarono nella mente di Beatrice mentre esplorava la casa. Ogni stanza sembrava raccontare una storia: vecchie fotografie di donne dagli sguardi fieri, un pianoforte coperto da un telo bianco, e un diario nascosto in un cassetto con la scritta "Per chi vuole conoscere la verità."

La curiosità vinse, e Beatrice aprì il diario. Era pieno di annotazioni della zia Claudia, ma anche di altre donne che avevano vissuto nella villa.

"La Casa dei Sussurri non è solo un nome," scriveva Claudia. *"Qui, le voci delle nostre antenate parlano. Ci raccontano le loro sofferenze, le loro vittorie, e i loro segreti. Ascoltarle significa capire chi siamo davvero."*

Le pagine raccontavano di donne forti, che avevano affrontato sfide enormi: una bisnonna che aveva protetto la villa durante la guerra, una zia che aveva dedicato la sua vita a scrivere poesie mai pubblicate, e Claudia stessa, che aveva lottato per preservare quel luogo come rifugio per tutte le donne della famiglia.

La prima notte, Beatrice fu svegliata da un suono che sembrava un mormorio. Inizialmente pensò fosse il vento, ma poi si rese conto che proveniva dalla biblioteca.

Seguendo il rumore, trovò una porta nascosta dietro uno scaffale. Con un po' di sforzo, riuscì ad aprirla, rivelando una scala a chiocciola che conduceva a una stanza segreta.

La stanza era piena di manoscritti, dipinti e oggetti che appartenevano alle donne della sua famiglia. Ma ciò che attirò l'attenzione di Beatrice fu una vecchia mappa della villa, con alcune stanze segnate in rosso e un messaggio scritto a mano: *"Qui si trova la nostra forza."*

Nei giorni seguenti, Beatrice esplorò le stanze segnate sulla mappa. Ogni luogo rivelava qualcosa di unico: lettere d'amore mai spedite, un laboratorio dove si producevano profumi artigianali, e una sala piena di ritratti femminili.

In una delle lettere trovate, Claudia scriveva: *"La società ha sempre cercato di renderci invisibili, ma in questa casa siamo state libere. Ogni donna che è passata di qui ha lasciato un pezzo di sé per guidare chi sarebbe venuta dopo."*

Quella scoperta cambiò il modo in cui Beatrice vedeva la villa. Non era più un luogo inquietante, ma un monumento alla resilienza e alla creatività delle donne della sua famiglia.

Un giorno, mentre organizzava i documenti trovati, un uomo bussò alla porta. Era un avvocato mandato da una società immobiliare che voleva acquistare la villa per trasformarla in un albergo di lusso.

Beatrice rifiutò senza esitazione. La villa era più di una proprietà: era un'eredità, una storia che meritava di essere preservata.

"Questa casa non è in vendita," disse, con una fermezza che sorprese persino lei stessa.

Ogni notte, mentre si ritirava nella sua stanza, Beatrice sentiva ancora i sussurri. Ma ora non le facevano più paura. Erano un promemoria del fatto che non era mai sola.

The House of Whispers

———

Beatrice Alberti stared at the old, rusted gate of the villa with a mix of fear and curiosity. The property, nestled among the hills of Lake Como, was an unexpected inheritance. She had never known her Aunt Claudia well, a woman whom everyone described as eccentric, mysterious, and solitary.

The villa, an imposing building with crenellated towers and Gothic windows, looked more like a castle from a novel than a real home. It was called "The House of Whispers" because of the tales of strange noises and untold secrets that circulated among the villagers.

Upon entering, Beatrice was immediately overwhelmed by the atmosphere of the ancient home. The high ceilings, walls adorned with faded tapestries, and shelves filled with dusty books gave the impression of a place frozen in time.

She found a letter on the living room table, her name written by hand in ink that seemed to belong to another era.

"Dear Beatrice,

If you are reading this letter, it means the villa is now yours. I leave you not just a house, but a story that belongs to our family. Search the rooms of the past, listen to the whispers, and you will discover that your fate is linked to that of all the women who have passed through here.

With love,

Claudia"

Her aunt's words echoed in Beatrice's mind as she explored the house. Each room seemed to tell a story: old photographs of women with proud gazes, a piano covered with a white sheet, and a diary hidden in a drawer with the words "For those who seek the truth."

Curiosity won out, and Beatrice opened the diary. It was filled with notes from Aunt Claudia, but also from other women who had lived in the villa.

"The House of Whispers is not just a name," Claudia had written. *"Here, the voices of our ancestors speak. They tell us of their suffering, their victories, and their secrets. Listening to them means understanding who we truly are."*

The pages spoke of strong women who had faced enormous challenges: a great-grandmother who had protected the villa during the war, an aunt who had dedicated her life to writing unpublished poetry, and Claudia herself, who had fought to preserve this place as a refuge for all the women of the family.

The first night, Beatrice was awakened by a sound that seemed like a murmur. At first, she thought it was the wind, but then she realized it was coming from the library.

Following the sound, she found a hidden door behind a bookshelf. With some effort, she managed to open it, revealing a spiral staircase leading to a secret room.

The room was filled with manuscripts, paintings, and objects that belonged to the women of her family. But what caught Beatrice's attention was an old map of the villa, with certain rooms marked in red and a handwritten message: *"Here lies our strength."*

In the following days, Beatrice explored the rooms marked on the map. Each place revealed something unique: unsent love letters, a workshop where handcrafted perfumes were made, and a room filled with portraits of women.

In one of the letters found, Claudia wrote: *"Society has always tried to make us invisible, but in this house, we have been free. Every woman who has passed through here has left a part of herself to guide those who would come after."*

This discovery changed the way Beatrice viewed the villa. It was no longer a haunting place but a monument to the resilience and creativity of the women in her family.

One day, while organizing the documents she had found, a man knocked at the door. He was a lawyer sent by a real estate company that wanted to buy the villa and transform it into a luxury hotel.

Beatrice refused without hesitation. The villa was more than just a property: it was a legacy, a story that deserved to be preserved.

"This house is not for sale," she said, with a firmness that even surprised herself.

Every night, as she retired to her room, Beatrice still heard the whispers. But now, they no longer frightened her. They were a reminder that she was never truly alone.

Il Bar sotto le Stelle

Stefano Ricci camminava per le vie di Milano, le mani affondate nelle tasche del cappotto e la testa piena di pensieri. Era una di quelle notti in cui l'insonnia sembrava avere il sopravvento su di lui. Le luci della città brillavano intorno a lui, ma sembravano vuote, come riflessi senza anima.

Da mesi non riusciva a scrivere nulla. Ogni volta che prendeva in mano la penna, si sentiva sopraffatto da un senso di inutilità. La sua ultima opera era stata un disastro, e la critica lo aveva fatto a pezzi. Si chiedeva se avesse ancora qualcosa da dire.

Mentre girava senza meta per le strade deserte, i suoi passi lo portarono in una zona della città che non riconosceva. Le vie sembravano più strette, quasi fuori dal tempo. Fu allora che vide l'insegna: "Il Bar sotto le Stelle."

Era un piccolo locale, nascosto tra due palazzi. La luce fioca di una lanterna oscillava sopra la porta, e attraverso le finestre si scorgeva un bagliore caldo e invitante. C'era qualcosa di strano in quel luogo. Non ricordava di averlo mai visto prima, nonostante vivesse a Milano da anni.

Spinto dalla curiosità, Stefano entrò.

L'interno era piccolo ma accogliente. Tavolini di legno scuro, sedie spaiate e una grande parete coperta da libri. Sopra il bancone, una fila di bottiglie brillava sotto una luce tenue, e nell'aria c'era un profumo di caffè e spezie.

Dietro il bancone c'era una donna. Aveva i capelli lunghi e scuri, legati in una treccia, e un sorriso enigmatico.

"Benvenuto," disse, guardandolo negli occhi. "Ti stavo aspettando."

Stefano rimase interdetto. "Mi aspettavi?"

"Sì," rispose lei, con una calma che lo mise a disagio e lo tranquillizzò allo stesso tempo. "Qui arrivano solo quelli che devono essere qui. Io sono Eleonora."

Eleonora gli fece cenno di sedersi al bancone. Gli servì un bicchiere di vino rosso senza che lui lo avesse chiesto.

"Questo è un luogo speciale," spiegò, con voce bassa ma melodiosa. "Il bar appare solo a mezzanotte, e solo a chi ne ha bisogno. Qui, ogni cliente racconta una storia. E in cambio, riceve qualcosa che gli serve."

"Una storia?" ripeté Stefano, scettico.

"Esatto. Ma non una qualunque. Deve essere una storia vera, qualcosa che hai vissuto o che hai sognato, perché qui il confine tra i due è sottile."

Mentre Stefano sorseggiava il vino, altri clienti entrarono nel bar. Ognuno sembrava portare con sé un'aria di mistero.

Un uomo anziano raccontò di aver incontrato sua moglie defunta in sogno, in un giardino pieno di fiori mai visti prima. Una giovane donna narrò di un viaggio in un'isola deserta che si rivelò essere un luogo della sua infanzia dimenticato.

Le loro parole sembravano dipingere immagini vivide nella mente di Stefano. Ogni storia aveva un che di surreale, eppure conteneva una verità profonda, come se quel bar fosse una porta tra il reale e l'onirico.

Quando fu il suo turno, Eleonora lo guardò intensamente. "Allora, Stefano. Qual è la tua storia?"

Lui esitò. Aveva vissuto molte cose, ma nessuna gli sembrava adatta. Poi si ricordò di un sogno che faceva spesso da bambino, un sogno che aveva dimenticato per anni.

"Quando ero piccolo," iniziò, "sognavo sempre una biblioteca infinita. Gli scaffali si perdevano all'orizzonte, e ogni libro conteneva una vita intera. Mi sedevo su una scala e leggevo per ore, ma non riuscivo mai a finire un libro, perché le pagine continuavano a moltiplicarsi."

Eleonora lo ascoltò in silenzio, il suo sguardo penetrante. "E cosa cercavi in quella biblioteca?"

"Non lo so," ammise Stefano. "Forse una storia che valesse la pena di essere raccontata."

Dopo aver raccontato la sua storia, Stefano si sentì più leggero, come se avesse lasciato andare un peso che lo tormentava da tempo. Eleonora gli sorrise e gli porse un piccolo quaderno con la copertina di cuoio.

"Questo è per te," disse. "Dentro troverai le parole che hai perso."

Stefano lo aprì, ma le pagine erano bianche. La guardò, confuso.

"Le parole arriveranno quando sarai pronto," spiegò Eleonora.

Quando Stefano uscì dal bar, il cielo iniziava a schiarirsi. Voltandosi, vide che il locale era scomparso. Al suo posto c'era solo un vecchio muro ricoperto di graffiti.

Tornò a casa e aprì il quaderno. Le prime parole iniziarono a comparire come per magia, scritte dalla sua stessa mano. Era l'inizio di un nuovo romanzo, una storia che non aveva mai saputo di avere dentro di sé.

The Bar Under the Stars

Stefano Ricci walked through the streets of Milan, his hands shoved deep into the pockets of his coat and his mind full of thoughts. It was one of those nights when insomnia seemed to have the upper hand. The city lights glittered around him, but they seemed empty, like reflections without a soul.

He hadn't been able to write anything for months. Every time he picked up a pen, he felt overwhelmed by a sense of futility. His latest work had been a disaster, and the critics had torn him apart. He wondered if he still had something to say.

As he wandered aimlessly through the deserted streets, his steps took him to an area of the city he didn't recognize. The streets seemed narrower, almost timeless. That's when he saw the sign: "The Bar Under the Stars."

It was a small venue, hidden between two buildings. The dim light of a lantern flickered above the door, and through the windows, he saw a warm, inviting glow. There was something strange about the place. He couldn't recall ever seeing it before, despite living in Milan for years.

Driven by curiosity, Stefano entered.

The interior was small but cozy. Dark wooden tables, mismatched chairs, and a large wall covered with books. Above the counter, a row of bottles gleamed under soft lighting, and the air was filled with the scent of coffee and spices.

Behind the bar stood a woman. She had long, dark hair tied in a braid and an enigmatic smile.

"Welcome," she said, looking him in the eye. "I've been expecting you."

Stefano was taken aback. "You've been expecting me?"

"Yes," she replied with a calmness that both unsettled and reassured him. "Only those who need to be here arrive. I'm Eleonora."

Eleonora motioned for him to sit at the bar. She served him a glass of red wine without him asking.

"This is a special place," she explained in a low but melodious voice. "The bar appears only at midnight, and only for those who need it. Here, every customer tells a story. And in exchange, they receive something they need."

"A story?" Stefano repeated skeptically.

"Exactly. But not just any story. It has to be a true story, something you've lived or something you've dreamed, because here, the line between the two is thin."

As Stefano sipped his wine, other customers entered the bar. Each seemed to carry an air of mystery with them.

An elderly man told of meeting his late wife in a dream, in a garden full of flowers he'd never seen before. A young woman spoke of a journey to a deserted island, which turned out to be a place from her forgotten childhood.

Their words seemed to paint vivid images in Stefano's mind. Each story had a surreal quality, yet contained a profound truth, as though the bar were a doorway between the real and the dreamlike.

When it was his turn, Eleonora looked at him intently. "So, Stefano. What's your story?"

He hesitated. He'd lived many things, but none seemed to fit. Then he remembered a dream he had often as a child, a dream he had forgotten for years.

"When I was little," he began, "I always dreamed of an endless library. The shelves stretched to the horizon, and each book contained a whole life. I would sit on a ladder and read for hours, but I could never finish a book because the pages kept multiplying."

Eleonora listened in silence, her gaze penetrating. "And what were you looking for in that library?"

"I don't know," Stefano admitted. "Maybe a story worth telling."

After telling his story, Stefano felt lighter, as though he had let go of a weight that had been tormenting him for a long time. Eleonora smiled and handed him a small notebook with a leather cover.

"This is for you," she said. "Inside, you'll find the words you've lost."

Stefano opened it, but the pages were blank. He looked at her, confused.

"The words will come when you're ready," Eleonora explained.

When Stefano left the bar, the sky was beginning to lighten. Turning around, he saw that the place had vanished. In its place was just an old wall covered in graffiti.

He returned home and opened the notebook. The first words began to appear, as if by magic, written by his own hand. It was the beginning of a new novel, a story he never knew he had inside him.

Il Giardino degli Amanti Perduti

—————

Nel cuore di un piccolo paese siciliano, tra vicoli acciottolati e case dai muri bianchi, esisteva un luogo che pochi osavano visitare: Il Giardino degli Amanti Perduti. Nessuno sapeva chi lo avesse creato, né da quanto tempo fosse lì, ma le sue leggende affondavano le radici nel passato. Si diceva che ogni fiore nel giardino rappresentasse un amore perduto, un legame spezzato, un cuore infranto.

Teresa Gallo aveva sentito parlare di quel luogo sin da bambina. Suo nonno le raccontava che chiunque vi entrasse avrebbe potuto vedere il proprio amore passato prendere forma tra i petali dei fiori. Ora, adulta e tormentata da un dolore che non riusciva a spiegare, Teresa decise di affrontare il giardino.

Era un pomeriggio caldo e silenzioso quando Teresa si avvicinò al cancello di ferro battuto del giardino. Sopra di esso, una scritta scolorita diceva:

"Qui fioriscono gli amori che il tempo non ha potuto cancellare."

Spinse il cancello, che cigolò come se non fosse stato aperto da anni, e si trovò immersa in un mondo di colori e profumi. I fiori erano di una bellezza straordinaria, con tonalità che non aveva mai visto prima: blu intensi, rossi accesi, gialli dorati. Ogni fiore sembrava emanare una luce propria.

Mentre camminava, sentiva come se il tempo si fermasse. Il sole sembrava sospeso nel cielo, e l'aria era piena di un silenzio vibrante, interrotto solo dal fruscio delle foglie e dal lieve sussurro del vento.

Teresa si fermò davanti a una rosa nera, unica nel suo genere. Guardandola, sentì un'ondata di emozioni travolgerla. Nella rosa vide riflesso il volto di Giovanni Mancini, il suo primo amore.

Giovanni era stato l'unico uomo che avesse mai amato veramente. Si erano incontrati da giovani, quando la vita sembrava infinita e piena di promesse. Ma un malinteso, un litigio che nessuno dei due aveva avuto il coraggio di risolvere, li aveva separati. Giovanni era partito per il Nord, e Teresa non lo aveva più visto.

Mentre osservava la rosa, i ricordi si animavano davanti a lei: le loro passeggiate lungo la spiaggia, le serate passate a ballare sotto le stelle, i baci rubati dietro le vecchie mura del paese.

"È un dolore che non hai mai lasciato andare."

La voce la fece sobbalzare. Si girò e vide un uomo anziano, con una barba bianca e occhi profondi come il mare.

"Chi sei?" chiese Teresa, ancora scossa.

"Il custode del giardino," rispose l'uomo. "Ogni fiore che vedi qui è legato a un amore. Alcuni sono ancora vivi, altri sono perduti per sempre. E poi ci sono quelli come il tuo, sospesi tra il ricordo e il rimpianto."

Teresa abbassò lo sguardo. "E cosa dovrei fare?"

"Affrontare ciò che hai lasciato in sospeso," rispose il custode. "O lasciare che il giardino lo tenga per te."

Il custode allungò una mano e indicò un piccolo sentiero tra i fiori. "Segui questa strada. C'è qualcosa che devi vedere."

Teresa obbedì, il cuore in gola. Il sentiero la portò a una piccola fontana, al centro della quale c'era una statua che raffigurava due amanti abbracciati. Accanto alla fontana, su una panca di pietra, trovò una busta.

Sopra c'era scritto il suo nome, con la calligrafia inconfondibile di Giovanni.

Con mani tremanti, aprì la lettera:

"Cara Teresa,

non c'è giorno in cui non pensi a te e a ciò che abbiamo perso. Avrei voluto tornare, ma il tempo e l'orgoglio mi hanno trattenuto. Se stai leggendo questa lettera, vuol dire che hai trovato il coraggio di affrontare ciò che io non ho mai avuto il coraggio di fare. Perdonami, se puoi. E vivi con il cuore libero.

Tuo,

Giovanni"

Teresa sentì le lacrime scendere lungo le guance. Si sedette sulla panca e rimase lì a lungo, stringendo la lettera al petto. Sentì il peso del rimpianto sciogliersi lentamente, come neve al sole.

Il custode apparve di nuovo. "Hai trovato ciò che cercavi?" chiese.

"Sì," rispose Teresa. "E ora so cosa devo fare."

Quando Teresa lasciò il giardino, il sole stava tramontando, tingendo il cielo di arancione e oro. Aveva deciso di cercare Giovanni, di scoprire se il tempo avesse lasciato spazio a una seconda possibilità.

Ma anche se non lo avesse trovato, sapeva che il giardino le aveva dato qualcosa di prezioso: la pace.

The Garden of Lost Lovers

In the heart of a small Sicilian village, among cobbled streets and white-washed houses, there was a place that few dared to visit: The Garden of Lost Lovers. No one knew who had created it or how long it had been there, but its legends were deeply rooted in the past. It was said that every flower in the garden represented a lost love, a broken bond, a shattered heart.

Teresa Gallo had heard about the place since she was a child. Her grandfather told her that anyone who entered would be able to see their lost love take shape among the petals of the flowers. Now, as an adult, tormented by a pain she couldn't explain, Teresa decided to confront the garden.

It was a hot and silent afternoon when Teresa approached the wrought-iron gate of the garden. Above it, a faded inscription read:

"Here bloom the loves that time could not erase."

She pushed the gate open, which creaked as though it hadn't been touched in years, and found herself immersed in a world of colors and scents. The flowers were of extraordinary beauty, with shades she had never seen before: deep blues, fiery reds, golden yellows. Each flower seemed to emit its own light.

As she walked, it felt as though time had stopped. The sun seemed suspended in the sky, and the air was full of a vibrant silence, broken only by the rustling of leaves and the soft whisper of the wind.

Teresa stopped in front of a black rose, unique in its kind. As she gazed at it, a wave of emotions overwhelmed her. In the rose, she saw the face of Giovanni Mancini, her first love.

Giovanni had been the only man she had ever truly loved. They met when they were young, when life seemed endless and full of promises. But a misunderstanding, a quarrel neither of them had had the courage to resolve, had separated them. Giovanni left for the North, and Teresa never saw him again.

As she observed the rose, memories came to life before her: their walks along the beach, the evenings spent dancing under the stars, the stolen kisses behind the old walls of the village.

"It's a pain you've never let go of."

The voice startled her. She turned and saw an elderly man with a white beard and eyes as deep as the sea.

"Who are you?" Teresa asked, still shaken.

"I am the keeper of the garden," the man replied. "Every flower you see here is connected to a love. Some are still alive, others are lost forever. And then there are those like yours, suspended between memory and regret."

Teresa lowered her gaze. "And what should I do?"

"Face what you've left unresolved," the keeper said. "Or let the garden hold it for you."

The keeper extended his hand and pointed to a small path among the flowers. "Follow this path. There's something you need to see."

Teresa obeyed, her heart racing. The path led her to a small fountain, in the center of which was a statue depicting two lovers in an embrace.

Beside the fountain, on a stone bench, she found an envelope. Her name was written on it, in Giovanni's unmistakable handwriting.

With trembling hands, she opened the letter:

"Dear Teresa,

There is not a day that goes by that I don't think of you and what we lost. I wish I had returned, but time and pride kept me away. If you are reading this letter, it means you found the courage to do what I never could. Forgive me, if you can. And live with a free heart.

Yours,

Giovanni"

Teresa felt tears running down her cheeks. She sat on the bench and remained there for a long time, holding the letter to her chest. She felt the weight of regret slowly melt away, like snow under the sun.

The keeper appeared again. "Did you find what you were looking for?" he asked.

"Yes," Teresa replied. "And now I know what I must do."

When Teresa left the garden, the sun was setting, painting the sky in shades of orange and gold. She had decided to search for Giovanni, to see if time had made room for a second chance.

But even if she didn't find him, she knew the garden had given her something precious: peace.

Un Amico per Sempre

Nel cuore della pittoresca cittadina di Cortona, con le sue stradine acciottolate e le case dai tetti rossi, Anna Bianchi tornò dopo dieci anni. La vita l'aveva portata lontano, a Milano, dove aveva cercato di costruirsi una carriera. Ma ora, il richiamo del passato e il bisogno di una pausa l'avevano riportata al luogo che una volta chiamava casa.

La piazza principale era rimasta immutata: l'antico pozzo al centro, i caffè con i tavolini all'aperto, e la torre dell'orologio che scandiva il tempo con la sua campana. Tuttavia, per Anna, il ritorno portava un misto di nostalgia e nervosismo. Non sapeva se avrebbe trovato ancora lì le persone che aveva lasciato, in particolare Luca Ferraro, il suo amico d'infanzia.

Il primo giorno del suo ritorno, mentre passeggiava nel mercato settimanale, Anna lo vide. Luca era appoggiato a una bancarella di frutta, intento a parlare con il venditore. I capelli castani erano un po' più lunghi e le rughe intorno agli occhi più profonde, ma il sorriso era lo stesso.

"Luca?"

Si voltò di scatto e, per un attimo, sembrò non crederci. Poi, un sorriso largo si allargò sul suo viso.

"Anna! Non ci posso credere!"

Si abbracciarono, e per un attimo, Anna si sentì tornare bambina, quando correvano nei campi e condividevano segreti sotto il vecchio albero di quercia.

"Pensavo che non saresti mai tornata," disse Luca, osservandola con occhi pieni di curiosità.

"Anch'io l'ho pensato, ma a volte la vita ti riporta dove tutto è iniziato."

Nel corso delle settimane seguenti, Anna e Luca ricominciarono a vedersi frequentemente. Le loro conversazioni fluivano come se il tempo non fosse mai passato, ma sotto la superficie c'era qualcosa di non detto, un'ombra che entrambi sembravano evitare.

Una sera, seduti su una panchina vicino al lago, Anna decise di affrontare l'argomento che le pesava sul cuore da anni.

"Ti ricordi di quella notte, Luca? La notte in cui siamo andati alla vecchia casa sulla collina?"

Luca si irrigidì, il sorriso svanito. "Come potrei dimenticarla?"

Quella notte, molti anni prima, loro due avevano deciso di esplorare la Villa Marchesi, un'antica dimora abbandonata considerata maledetta dai paesani. Durante quella visita, avevano trovato qualcosa di inquietante: un diario che parlava di segreti di famiglia e di un'antica rivalità. Ma quando erano tornati per recuperarlo, il diario era scomparso.

"Dobbiamo tornare lì," disse Anna, la voce ferma.

Luca esitò. "Non credo sia una buona idea. Quella villa porta solo guai."

"Ma non possiamo vivere con questo peso per sempre. Dobbiamo sapere cosa c'era scritto in quel diario e perché è sparito."

Dopo molte discussioni, Luca accettò. La notte seguente, armati di torce e una buona dose di coraggio, tornarono alla villa.

La casa era come la ricordavano: fatiscente, con le finestre sbarrate e l'edera che si arrampicava sui muri. Entrarono dalla porta posteriore, che cigolò sinistramente. L'aria all'interno era fredda e carica di un silenzio pesante.

Esplorarono le stanze, trovando solo polvere e mobili in rovina. Ma nel vecchio studio, sotto una tavola del pavimento che sembrava fuori posto, trovarono una scatola di latta.

"È qui," sussurrò Anna, il cuore che batteva all'impazzata.

Dentro la scatola c'era il diario, insieme a una serie di lettere. Iniziarono a leggere, scoprendo che la famiglia Marchesi era stata coinvolta in un crimine molti anni prima. Le lettere rivelavano il coinvolgimento di alcuni importanti membri della comunità di Cortona, e il diario era stato nascosto per proteggere qualcuno.

Mentre leggevano, un rumore li fece sobbalzare. Qualcuno era nella villa.

Un uomo apparve nell'ombra, e quando uscì alla luce, riconobbero il volto di Don Angelo, il parroco del paese.

"Non avreste dovuto tornare qui," disse, la voce fredda.

Anna lo fissò. "Sapevi tutto questo, vero? Hai cercato di nasconderlo per anni."

Don Angelo sospirò, abbassando lo sguardo. "Non volevo che venisse fuori. Troppa gente soffrirebbe se la verità fosse rivelata."

Luca si fece avanti. "Ma non possiamo vivere nelle menzogne. La gente merita di sapere."

Dopo una lunga discussione, Don Angelo accettò di consegnare il diario alle autorità locali, purché venisse trattato con discrezione per proteggere gli innocenti.

Nei giorni seguenti, Cortona fu scossa dalla rivelazione dei segreti della famiglia Marchesi. Ma per Anna e Luca, qualcosa di più importante era cambiato: avevano ritrovato non solo l'amicizia, ma anche un legame più profondo.

Una sera, mentre guardavano il tramonto dalla collina, Anna disse: "Sai, non mi sono mai sentita così in pace come ora."

Luca le sorrise. "Forse è perché questa volta hai deciso di affrontare tutto, anche ciò che ti faceva paura."

A Friend Forever

In the heart of the picturesque town of Cortona, with its cobbled streets and red-tiled roofs, Anna Bianchi returned after ten years. Life had taken her far away to Milan, where she had tried to build a career. But now, the call of the past and the need for a break had brought her back to the place she once called home.

The main square had remained unchanged: the ancient well in the center, the cafés with outdoor tables, and the clock tower marking time with its bell. However, for Anna, returning brought a mix of nostalgia and nervousness. She wasn't sure if the people she had left behind, particularly Luca Ferraro, her childhood friend, would still be there.

On the first day of her return, while walking through the weekly market, Anna saw him. Luca was leaning against a fruit stall, chatting with the vendor. His brown hair was a little longer, and the wrinkles around his eyes were deeper, but his smile was the same.

"Luca?"

He turned sharply, and for a moment, he seemed not to believe it. Then, a wide smile spread across his face.

"Anna! I can't believe it!"

They hugged, and for a moment, Anna felt like a child again, running through the fields and sharing secrets under the old oak tree.

"I thought you would never come back," Luca said, looking at her with eyes full of curiosity.

"I thought so too, but sometimes life brings you back to where it all began."

In the following weeks, Anna and Luca began to see each other frequently. Their conversations flowed as if no time had passed, but beneath the surface, there was something unspoken, a shadow that both seemed to avoid.

One evening, sitting on a bench by the lake, Anna decided to confront the issue that had weighed on her heart for years.

"Do you remember that night, Luca? The night we went to the old house on the hill?"

Luca stiffened, his smile fading. "How could I forget it?"

That night, many years ago, the two of them had decided to explore Villa Marchesi, an old abandoned house that the townspeople considered cursed. During their visit, they had found something unsettling: a diary that spoke of family secrets and an ancient rivalry. But when they returned to retrieve it, the diary had disappeared.

"We have to go back," Anna said, her voice firm.

Luca hesitated. "I don't think it's a good idea. That villa only brings trouble."

"But we can't live with this burden forever. We need to know what was in that diary and why it disappeared."

After much discussion, Luca agreed. The following night, armed with flashlights and a good deal of courage, they returned to the villa.

The house was as they remembered: dilapidated, with boarded-up windows and ivy crawling up the walls. They entered through the back door, which creaked ominously. The air inside was cold, thick with a heavy silence.

They explored the rooms, finding only dust and broken furniture. But in the old study, beneath a floorboard that seemed out of place, they found a tin box.

"It's here," Anna whispered, her heart pounding.

Inside the box was the diary, along with a series of letters. They began to read, discovering that the Marchesi family had been involved in a crime many years before. The letters revealed the involvement of some prominent members of the Cortona community, and the diary had been hidden to protect someone.

As they read, a noise made them jump. Someone was in the villa.

A man appeared from the shadows, and when he stepped into the light, they recognized the face of Don Angelo, the town priest.

"You shouldn't have come back here," he said, his voice cold.

Anna stared at him. "You knew all of this, didn't you? You've been trying to hide it for years."

Don Angelo sighed, lowering his gaze. "I didn't want it to come out. Too many people would suffer if the truth were revealed."

Luca stepped forward. "But we can't live in lies. People deserve to know."

After a long discussion, Don Angelo agreed to hand the diary over to the local authorities, as long as it was treated with discretion to protect the innocent.

In the following days, Cortona was shaken by the revelation of the Marchesi family's secrets. But for Anna and Luca, something more important had changed: they had not only rediscovered their friendship, but also a deeper bond.

One evening, while watching the sunset from the hill, Anna said, "You know, I've never felt this at peace before."

Luca smiled at her. "Maybe it's because this time you decided to face everything, even the things that scared you."

Maria

———

Era una fredda mattina di dicembre del 1943, e la stazione di Santa Maria Novella a Firenze era avvolta da un'aria di incertezza e caos. Soldati in divisa si affollavano sulla banchina, mentre civili si stringevano nei loro cappotti cercando calore e conforto.

Alessandro Conti, un giovane soldato italiano, sedeva su una panchina con il fucile appoggiato al fianco. Il suo volto, segnato dalla fatica, tradiva una tristezza profonda. Stava tornando al fronte dopo una breve licenza a casa, e ogni fibra del suo corpo desiderava restare con la sua famiglia, lontano dalla guerra.

Mentre osservava la folla, il suo sguardo si posò su una giovane donna che camminava frettolosamente lungo la banchina. Portava un cappotto blu e un cappello che le copriva parzialmente i capelli castani. Nonostante l'aria gelida, sembrava muoversi con una grazia innata.

Alessandro non poté fare a meno di notarla. Quando la donna si avvicinò, i loro occhi si incontrarono per un istante. Un sorriso timido si disegnò sulle labbra di lei, e Alessandro si trovò a sorriderle in risposta.

"Sta aspettando un treno?" chiese, rompendo il silenzio.

Lei si fermò e lo guardò con curiosità. "In realtà, sto cercando un modo per raggiungere l'ospedale da campo. Sono un'infermiera."

"Un lavoro difficile," rispose Alessandro, alzandosi in piedi. "Ma necessario. Come si chiama?"

"Maria De Luca," rispose lei, stringendogli la mano. "E lei?"

"Alessandro Conti."

Parlarono brevemente, scambiandosi parole di conforto e racconti della loro vita prima della guerra. Maria gli raccontò della sua infanzia in una piccola città vicino a Napoli e di come fosse diventata infermiera per aiutare i feriti. Alessandro, invece, le parlò del suo amore per la musica e di come la guerra avesse spezzato il sogno di suonare il violino in un'orchestra.

Il loro scambio fu breve ma intenso, carico di un senso di connessione che nessuno dei due riusciva a spiegare. Ma proprio mentre Alessandro stava per dire qualcosa di più, un annuncio risuonò dalla stazione: il treno per il fronte era in partenza.

"Devo andare," disse Alessandro, con un nodo in gola.

Maria annuì. "Anch'io devo partire. Ma spero che ci incontreremo di nuovo."

Alessandro le sorrise. "Lo spero anch'io."

E con quelle parole, si separarono.

Erano passati dieci anni da quel breve incontro. La guerra era finita, e Alessandro, ormai un uomo segnato dall'esperienza, viveva a Roma, dove lavorava come insegnante di musica. Aveva lasciato il violino durante gli anni del conflitto, ma ogni tanto si trovava a suonare per i suoi studenti, cercando di trasmettere loro l'amore per la musica.

Una sera, mentre camminava lungo le strade affollate di Trastevere, notò una locandina fuori da un piccolo caffè: "Concerto di Maria De Luca, violinista".

Il nome lo colpì come un fulmine. Era possibile che fosse la stessa Maria? Decise di entrare.

Il caffè era piccolo e intimo, con luci soffuse e un'atmosfera accogliente. Alessandro trovò un posto in fondo alla sala e aspettò con impazienza.

Quando Maria salì sul palco, il suo cuore si fermò. Era lei, senza alcun dubbio.

Maria iniziò a suonare, e la melodia riempì la stanza. La sua musica era intensa, piena di emozione, e Alessandro sentì che ogni nota raccontava una storia. Non poteva distogliere lo sguardo da lei.

Alla fine del concerto, decise di avvicinarsi.

"Maria," disse, quando finalmente riuscì a trovarla.

Lei si girò, sorpresa. Per un momento, lo fissò in silenzio, poi un sorriso illuminò il suo volto. "Alessandro! Non posso crederci."

Si sedettero insieme a un tavolo, raccontandosi delle loro vite negli anni passati. Maria gli spiegò come fosse riuscita a studiare violino dopo la guerra e di come la musica fosse diventata la sua via di fuga dal dolore.

Alessandro, a sua volta, le parlò dei suoi studenti e del suo desiderio di tornare a suonare.

"Non è incredibile come ci siamo incontrati di nuovo?" disse Maria.

"Sì," rispose Alessandro, guardandola negli occhi. "Forse era destino."

Maria

It was a cold December morning in 1943, and the Santa Maria Novella station in Florence was filled with an air of uncertainty and chaos. Soldiers in uniform crowded the platform, while civilians huddled in their coats, seeking warmth and comfort.

Alessandro Conti, a young Italian soldier, sat on a bench with his rifle by his side. His face, marked by fatigue, betrayed a deep sadness. He was returning to the front after a brief leave at home, and every fiber of his being longed to stay with his family, far from the war.

As he observed the crowd, his gaze fell upon a young woman hurriedly walking down the platform. She wore a blue coat and a hat that partially covered her brown hair. Despite the cold air, she moved with an innate grace.

Alessandro couldn't help but notice her. When the woman approached, their eyes met for an instant. A shy smile formed on her lips, and Alessandro found himself smiling back.

"Are you waiting for a train?" he asked, breaking the silence.

She stopped and looked at him with curiosity. "Actually, I'm trying to find a way to reach the field hospital. I'm a nurse."

"That's a difficult job," Alessandro replied, standing up. "But necessary. What's your name?"

"Maria De Luca," she answered, shaking his hand. "And you?"

"Alessandro Conti."

They spoke briefly, exchanging words of comfort and sharing stories of their lives before the war. Maria told him about her childhood in a small town near Naples and how she became a nurse to help the wounded. Alessandro, in turn, spoke of his love for music and how the war had shattered his dream of playing the violin in an orchestra.

Their exchange was brief but intense, filled with a sense of connection neither of them could explain. But just as Alessandro was about to say something more, an announcement echoed through the station: the train to the front was about to depart.

"I have to go," said Alessandro, his throat tight.

Maria nodded. "I have to leave too. But I hope we'll meet again."

Alessandro smiled at her. "I hope so too."

And with those words, they parted ways.

Ten years had passed since that brief meeting. The war was over, and Alessandro, now a man marked by experience, lived in Rome, where he worked as a music teacher. He had put aside the violin during the years of conflict, but occasionally, he found himself playing for his students, trying to pass on his love of music.

One evening, as he walked down the busy streets of Trastevere, he noticed a poster outside a small café: "Maria De Luca, Violinist Concert".

The name struck him like a lightning bolt. Could it be the same Maria? He decided to go in.

The café was small and intimate, with dim lights and a cozy atmosphere. Alessandro found a seat at the back of the room and waited eagerly. When Maria stepped onto the stage, his heart stopped. It was her, without a doubt.

Maria began to play, and the melody filled the room. Her music was intense, full of emotion, and Alessandro felt that every note told a story. He couldn't take his eyes off her.

At the end of the concert, he decided to approach her.

"Maria," he said when he finally found her.

She turned around, surprised. For a moment, she stared at him in silence, then a smile illuminated her face. "Alessandro! I can't believe it."

They sat together at a table, sharing stories of their lives over the years. Maria explained how she managed to study the violin after the war and how music had become her escape from the pain.

Alessandro, in turn, told her about his students and his desire to play again.

"Isn't it incredible how we met again?" Maria said.

"Yes," replied Alessandro, looking into her eyes. "Perhaps it was destiny."

L'Orologio del Tempo Perduto

Nel cuore di Venezia, nascosto tra vicoli stretti e ponti scricchiolanti, c'era un piccolo negozio di antiquariato chiamato "Le Meraviglie del Tempo". Silvia Romano, la proprietaria, era una donna di mezza età con occhi profondi e mani sempre macchiate di polvere e inchiostro. Ogni oggetto del negozio sembrava raccontare una storia, ma il suo pezzo preferito era un antico orologio da tasca che non aveva mai funzionato.

"Non lo vendo," diceva sempre ai clienti curiosi. "Non è in vendita."

Silvia viveva una vita tranquilla, ma solitaria. Aveva scelto di rimanere a Venezia dopo un amore finito male anni prima. La città, con le sue acque silenziose e i suoi tramonti dorati, sembrava riflettere il suo cuore spezzato.

Un giorno, mentre puliva il negozio, Silvia notò qualcosa di strano nell'orologio. I meccanismi, che da sempre erano stati immobili, cominciarono a muoversi. Il ticchettio era lieve, quasi impercettibile, ma abbastanza da farle trattenere il respiro.

Incuriosita, lo aprì e trovò una piccola incisione all'interno:

"Il tempo è un dono, usalo saggiamente."

Improvvisamente, l'orologio emise un leggero bagliore. Quando Silvia sollevò lo sguardo, si accorse che il negozio era cambiato. Gli scaffali erano disposti come lo erano anni prima, e lei si ritrovò a indossare un vestito che non vedeva da decenni. Era tornata indietro nel tempo.

Silvia uscì dal negozio e si ritrovò nel 1998, l'anno in cui aveva incontrato Pietro Russo, l'uomo che aveva amato più di ogni altro. Lo vide seduto a un tavolino del caffè dove si erano conosciuti per la prima volta.

Esitò per un momento, poi si avvicinò. Pietro alzò lo sguardo e sorrise, come se nulla fosse cambiato. "Silvia! Non pensavo di trovarti qui oggi."

Lei cercò di mascherare il suo stupore e si sedette accanto a lui. Per ore parlarono come un tempo, e Silvia si accorse che il dolore che aveva portato con sé per anni sembrava svanire.

Tornata nel presente, Silvia scoprì che l'orologio poteva riportarla indietro ogni volta che lo desiderava. Ogni viaggio nel passato era un'occasione per rivivere i momenti felici con Pietro, per correggere errori e per evitare le parole che li avevano allontanati.

Ma ogni ritorno al passato le lasciava un senso di vuoto. Anche se cambiava piccoli dettagli, il presente restava immutato. Pietro non era più nella sua vita, e Silvia si ritrovava sola nel suo negozio.

Una notte, Silvia fece un ultimo viaggio nel passato. Si trovò di nuovo di fronte a Pietro, pochi giorni prima della loro separazione. Decise di dirgli ciò che non era mai riuscita a confessare.

"Pietro," iniziò, con il cuore in gola. "Ho sempre avuto paura di perderti, e forse è per questo che ho fatto tanti errori."

Pietro la guardò con un'espressione dolce ma triste. "Silvia, io ti ho sempre amata, ma non possiamo vivere temendo il futuro. Il nostro amore è stato reale, ed è questo che conta."

Le sue parole colpirono Silvia come una rivelazione. Capì che non poteva cambiare il passato senza sacrificare il valore delle esperienze vissute.

Tornata al presente, Silvia prese l'orologio e lo ripose in una scatola, promettendo a sé stessa di non usarlo più. Cominciò a concentrarsi sul presente, aprendo il suo cuore a nuove opportunità e lasciando andare i rimpianti.

Un giorno, un uomo entrò nel suo negozio. Era un cliente abituale, ma Silvia non aveva mai notato quanto fossero gentili i suoi occhi. Si chiamava Andrea, e con il tempo divenne una presenza costante nella sua vita.

Anche se Pietro rimase una parte importante del suo passato, Silvia imparò a guardare avanti. Il tempo, dopotutto, non era qualcosa da temere o da cambiare, ma da vivere pienamente.

The Clock of Lost Time

In the heart of Venice, hidden among narrow alleys and creaky bridges, there was a small antique shop called "The Wonders of Time." Silvia Romano, the owner, was a middle-aged woman with deep eyes and hands always stained with dust and ink. Every item in the shop seemed to tell a story, but her favorite piece was an ancient pocket watch that had never worked.

"I don't sell it," she would always say to curious customers. "It's not for sale."

Silvia lived a quiet but solitary life. She had chosen to remain in Venice after a love that had ended badly years before. The city, with its silent waters and golden sunsets, seemed to reflect her broken heart.

One day, while cleaning the shop, Silvia noticed something strange about the watch. The mechanisms, which had always been still, began to move. The ticking was faint, almost imperceptible, but enough to make her hold her breath.

Curious, she opened it and found a small engraving inside:

"Time is a gift, use it wisely."

Suddenly, the watch emitted a soft glow. When Silvia looked up, she realized the shop had changed. The shelves were arranged as they had been years ago, and she found herself wearing a dress she hadn't seen in decades. She had traveled back in time.

Silvia stepped out of the shop and found herself in 1998, the year she had met Pietro Russo, the man she had loved more than anyone else. She saw him sitting at a small table at the café where they had first met.

She hesitated for a moment, then approached. Pietro looked up and smiled, as if nothing had changed. "Silvia! I didn't think I'd find you here today."

She tried to hide her astonishment and sat beside him. For hours, they talked as they had before, and Silvia realized that the pain she had carried with her for years seemed to fade away.

Back in the present, Silvia discovered that the watch could take her back whenever she wished. Each trip to the past was an opportunity to relive the happy moments with Pietro, to correct mistakes, and to avoid the words that had driven them apart.

But each return to the past left her with a sense of emptiness. Even though she changed small details, the present remained unchanged. Pietro was no longer in her life, and Silvia found herself alone in her shop.

One night, Silvia made one final trip to the past. She found herself facing Pietro again, just days before their separation. She decided to tell him what she had never been able to confess.

"Pietro," she began, her heart in her throat. "I was always afraid of losing you, and maybe that's why I made so many mistakes."

Pietro looked at her with a sweet but sad expression. "Silvia, I have always loved you, but we can't live fearing the future. Our love was real, and that's what matters."

His words struck Silvia like a revelation. She understood that she could not change the past without sacrificing the value of the experiences they had shared.

Back in the present, Silvia took the watch and placed it in a box, promising herself never to use it again. She began to focus on the present, opening her heart to new opportunities and letting go of regrets.

One day, a man entered her shop. He was a regular customer, but Silvia had never noticed how kind his eyes were. His name was Andrea, and over time, he became a constant presence in her life.

Though Pietro remained an important part of her past, Silvia learned to look ahead. Time, after all, was not something to fear or change, but something to live fully.